Alice
no mundo
da
Bíblia

Do original da língua inglesa
THE STORY OF THE GOOD SAMARITAN
© C.R. Gibson Company

9ª edição – 2011
5ª reimpressão – 2023

Revisado conforme a nova ortografia

Tradução: *P. Abramo*
Revisão de texto: *Paulinas*

Paulinas

Rua Dona Inácia Uchoa, 62
04110-020 – São Paulo – SP (Brasil)
Tel.: (11) 2125-3500
http://www.paulinas.com.br – editora@paulinas.com.br
Telemarketing e SAC: 0800-7010081
© Pia Sociedade Filhas de São Paulo – São Paulo, 1990

A História Do BOM SAMARITANO

Uma vizinha de Alice,
Chamada Auxiliadora,
Sempre auxiliava a todos,
Sendo boa e protetora.

Sentia paz ao visitá-la
Em suas horas de descanso
E, na varanda, ficava,
Na cadeira de balanço.

Ao visitá-la, um dia,
Alice levou seu livrinho.
Leu sobre Jesus, mais um homem
Que o seguiu no caminho.

"Como entrarei lá no céu?
Sou apenas um ser humano."
Jesus respondeu contando
Sobre o Bom Samaritano.

Enquanto Alice lia a história,
Um pombo-correio chegou
Trazendo-lhe uma carta,
Depois para o céu voou:

"Ler é a chave que a vai levar
Aonde você quer estar."

Seu livro então se mudou
Numa grande, enorme tela.
E Alice foi passear
No mundo da Bíblia por ela.

Alice voltou no tempo.
Para sua felicidade,
A história que estava lendo
Era, agora, realidade!

Vindo de Jerusalém
A Jericó tão distante,
Havia um caminho deserto,
Ninguém andava confiante.

Um homem vinha sozinho
Não havia ninguém por perto.
Eis que aparece um bando
De assaltantes do deserto.

Aqueles ladrões malvados
O coitadinho agarraram,
Roubando tudo o que tinha,
Roupa e dinheiro levaram.

De tanto baterem nele,
O homem ficou desmaiado.
Certamente iria morrer
No caminho abandonado.

Bem mais tarde um sacerdote
Passou perto do coitado,
Reparou na sua desgraça
Mas virou pro outro lado.

Não parou para ajudá-lo,
Nem desceu de seu burrinho,
Pois dizia estar com pressa
E prosseguiu seu caminho.

Um ajudante do templo,
Um levita, apareceu.
Vendo o homem machucado,
Nem sequer se condoeu.

Não diminuiu o passo,
Sentiu dó, mas foi embora,
Pois também devia chegar
Lá no templo sem demora.

O levita e o sacerdote,
Que eram gente de oração,
Poderiam ter ajudado,
mas fecharam o coração.

Enquanto a noite caía,
Um estranho no caminho,
Vendo o coitado, foi logo
Ajudar o pobrezinho.

"Vejo lá um homem caído,
Parece que vai morrer.
Mas, se estiver ainda vivo,
Vou fazer o que puder."

Vinha ele da Samaria,
Cidade antiga, inimiga.
Parou, porém, no caminho,
E ofereceu mão amiga.

Cuidou do homem ferido
Esse bom samaritano.
Deu-lhe, também, um abrigo.
Foi, dos três, o mais humano.

Cuidou dele com bandagem
E o colocou no burrinho.
Foi em busca de hospedagem,
Fazendo longo caminho.

E durante toda a noite
Permaneceu acordado.
Cuidava do pobre homem,
Ficando sempre a seu lado.

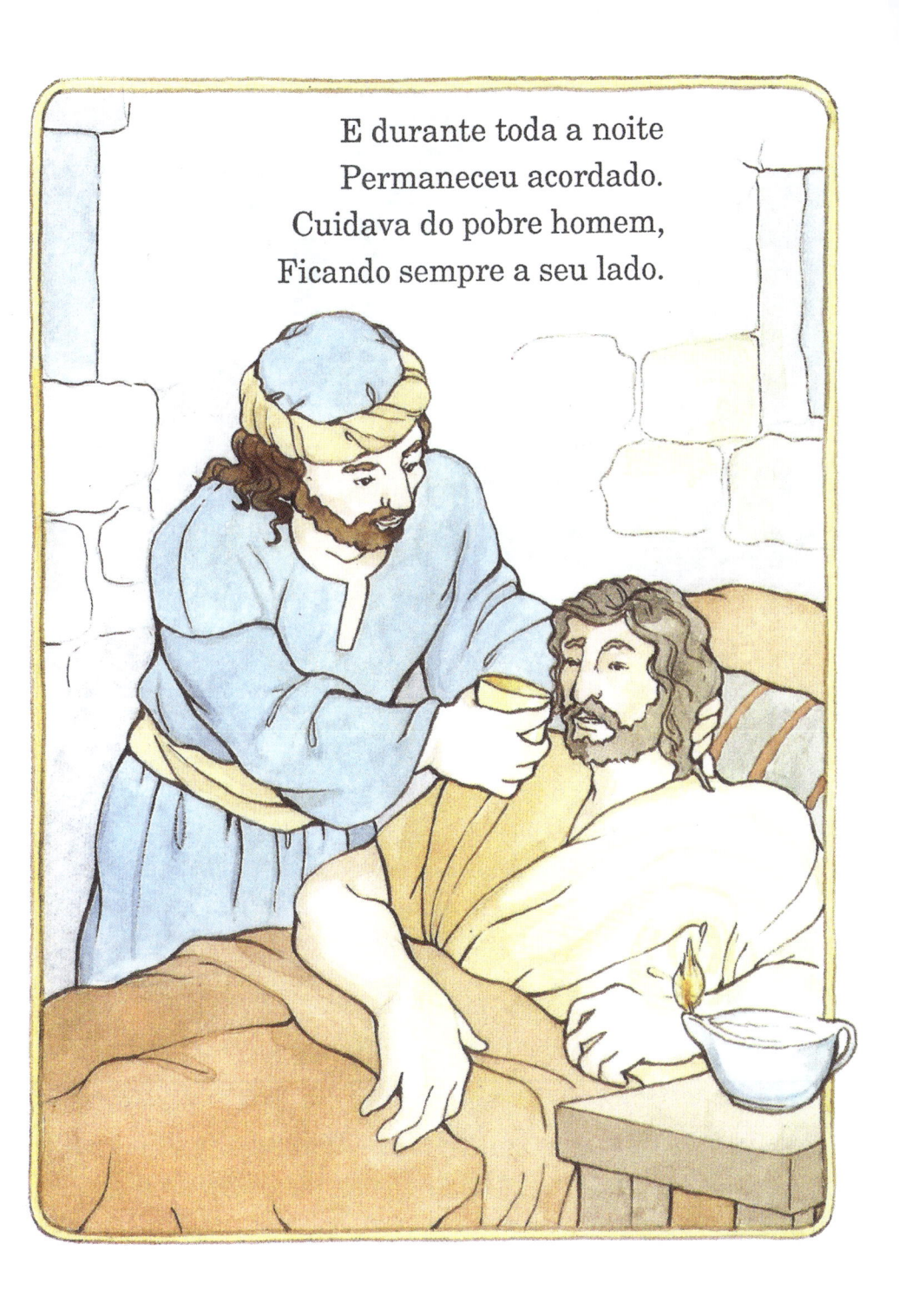

Disse ao dono da estalagem
No outro dia bem cedinho:
"Por favor, cuide bem dele,
Que eu devo seguir caminho".

"Aceite as poucas moedas
Que tenho neste momento.
Mas gaste o que for preciso
Para aliviar seu tormento."

"Se precisar mais dinheiro,
Pode com ele gastar,
Que tudo lhe pagarei,
Quando, de volta, eu passar."

Alice devia deixar
Aquela história tão bela.
Voltou do Mundo da Bíblia,
Passando através da tela.

Despediu-se da vizinha.
Deixou o livro que lia,
Mas ficou, depois, pensando
Nessa história, todo o dia.

"Dessa história de Jesus
Sobre o Bom Samaritano,
Aprendemos a ajudar
E a amar todo ser humano."

"Deus conosco faz família
Quando todos são irmãos.
Quanto mais alguém precisa,
Mais devemos dar as mãos."

"Quem tem fome ou está doente,
Eu devo, logo, ajudar.
Pra dar ânimo, conforto,
Em tudo o que precisar."

"Ó meu Deus, eu que vos amo
Vou repartir esse amor.
Não é isso a maior bênção
De nosso Pai e Senhor?"

ALICE NO MUNDO DA BÍBLIA

Novo Testamento

A história da multiplicação dos pães e dos peixes
A história da ovelha desgarrada
A história da Páscoa
A história de Jesus e seus discípulos
A história de Paulo
A história do Bom Samaritano
A história do Filho pródigo
A história do Menino Jesus
Pai-Nosso
Preces e ação de graças

Rua Dona Inácia Uchoa, 62
04110-020 – São Paulo – SP (Brasil)
Tel.: (11) 2125-3500
http://www.paulinas.com.br – editora@paulinas.com.br
Telemarketing e SAC: 0800-7010081